PARABOLA
DE UNAS ALAS

Una lectura desde el Evangelio
de "Juan Salvador Gaviota"

Colección
MENSAJES

Emilio L. Mazariegos

PARABOLA
DE UNAS ALAS

Una lectura desde el Evangelio
de "Juan Salvador Gaviota"

SAN PABLO

Cuarta edición

© Centro Vocacional La Salle (CVS)
Fr. Luis de León, 14 - 47002 Valladolid - España

© SAN PABLO 1997
Carrera 46 No. 22A-90
FAX: 2684288 - 2444383
Barrio QUINTAPAREDES

Distribución: Departamento de Ventas
Calle 18 No. 69-67
Tels.: 4113976 - 4114011
FAX: 4114000 - A.A. 080152
SANTAFE DE BOGOTA, D.C.

*H*E SEGUIDO a Juan Gaviota en el libro de Richard Bach. He intentado hacer una lectura de este prodigioso relato, situándolo en un contexto de Evangelio, o mejor aún, una lectura "vocacional" —la vocación como búsqueda de la propia originalidad—. He jugado con "ese pájaro maravilloso" que puede ser Luis, María o tú mismo. Te invito a que leas el libro original, antes que éste, y lo hagas desde tu propia óptica. Los textos en cursiva están tomados, sin alteración, del original. Luego, he sido muy libre al seguir el vuelo de Juan Gaviota. Mi vuelo y el tuyo. Después de cada parte he traído "el vuelo de Jesús", su estilo único y sorprendente, inquietante y atrayente. Y he terminado cada parte con una oración. Ha sido así de sencillo.

Emilio

Las alas del

primer vuelo

¡Tener!...
"Deja lo que tienes"

• Una voz rasgó el aire llamando a la Bandada a la Comida. Una voz igual para todos. Una voz hacia un mismo lugar. Una voz a un mismo objetivo. Una voz sin respuestas personales. Una voz seguida, pero no escuchada.

Y una multitud de mil gaviotas se aglomeró, alrededor de un pesquero, para regatear y luchar por cada pizca de pitanza. Era el vuelo de cada día. Era la monotonía de su vivir. Era el sobrevivir sobre el vivir. Era una vida, en Bandada, sin originalidad.

• Solo y alejado. Más allá de barcas y playas. Diferente al bando. En busca constante de su originalidad, Juan Salvador Gaviota, practica el vuelo. No le interesa la pitanza. Está demasiado baja para sus alturas. Le interesa ser él mismo, vivenciar su vida, experimentar sus posibilidades. Hacer realidad una vida de "ser" y no de "tener". Y Juan experimenta también la soledad de lo grande, la soledad del aprender, la soledad de una búsqueda diferenciada. Sus alas han nacido para abrirse a la inmensidad. No aguanta unas alas encogidas, arrugadas, montadas pluma sobre pluma. Juan ama la inmensidad de los mares y quiere abrir sus plumas en armonía al vuelo sobre las aguas. Juan sueña caminos de libertad. Juan ama el "dejar" lo que ya tiene, lo que le han dado. Juan sabe, en su corazón joven, de libertad intuida. Juan quiere ser en su origen. ¿Pero cómo llegar hasta el "origen" de sí mismo para ser original? ¿Es posible que no haya un patrón de "gaviota" al que tenga que someterse? ¿Juan diferente? ¿Juan original? Juan no se aclara. Juan busca. Sencillamente no se contenta con lo hecho. Y ha comenzado un camino nuevo: "El de dejar lo que tiene". No ha nacido para "tener".

• ¿Es posible? Porque la mayoría de los suyos —sus gaviotas—, sólo saben ir y volver de la playa a la comida. No han aprendido más en su vida. Vuelos cortos. Vuelos para "tener". Vuelos para apenas sobrevivir. Vuelos sin vuelo. Alas apenas abiertas. Alas chocando siempre con las mil alas sin abrir de la Bandada.

Para estas gaviotas, para los que viven a su lado lo importante no es volar. ¿Para qué sirve un vuelo? ¿Dónde está "la utilidad" de volar y volar, subir y subir, caer en picado, emborracharse de "nada" en la caída? Para las gaviotas lo importante es comer. Comer después de la lucha. Lo que les echen. Lo que huela. Lo que sobra. Lo que encuentren al lado de la playa o en los desechos de los pescadores. Pobres vidas viviendo de "limosnas", de lo que "otros no quieren". Esas pobres gaviotas no saben de la profundidad de las aguas, ni de la calma de mar adentro, ni de libertad y belleza de la altura. Una vida para "tener". Resignadas a "tener". Reducidas al tener. Gaviotas —tener—. Gaviotas vendidas al "consumo" de lo que otros les sirven. Una vida así no es posible para este pájaro llamado Juan. No es un pájaro cualquiera.

• Para Juan no era comer lo que importaba, sino volar. Su comida era superarse, ir más allá de las arenas inseguras de la playa. Había nacido para volar. Alguien le había puesto una fuerza en sus alas que ahora tenía que descubrir. Descubrir "el plan de quien le había llamado a la vida". Descubrirse a sí mismo en la experiencia de ser diferente, original. "Volver al origen" de quien le dio vida, fuerza, poder, deseos de más. Juan era un pájaro que no se podía confundir con un pez muerto, ni con una espina de pescado podrido. Juan tenía que hacer realidad sus sueños. Los suyos y los de aquel que le dio alas. Sus alas abiertas. Pero Juan no sabía adónde ir con sus alas. Sus caminos aún no estaban hechos. Tenía que intentar cada día abrir el camino. Y conformarse al no poder seguir otra vez su rastro. Sus vuelos cada día nuevos, originales. Maravillosa aventura para Juan.

• Juan sintió tristeza un día. Le dolió más que el esfuerzo de sus vuelos. Y le costó superarlo.

Eran los suyos. Los de su casa. Sus padres. Ni la palabra de ánimo. Ni la comprensión en el silencio. Ni la mirada llena de espera. Ni la cercanía, ni el interés por lo que estaba haciendo encontró en los suyos. Aún más duro: vio la desilusión con que seguían sus "aventuras". Y Juan sintió pena. Le dolía la indiferencia de quien más amaba. Y se preguntaba: ¿Eso es amar? ¿No es amar dejar libre? ¿Es amar "tenerme"? ¿No es amar "dejar lo que se tiene"? ¿No es amar vender "mis ideas", dejarlas, "mis planes"… y que el otro viva y haga lo suyo? ¿Es amar querer al otro como yo soy? Y Juan no sabía nada de verdad. Sus padres le creaban la inseguridad del que no se acerca ni respeta la originalidad del otro.

• Fue su madre. Le dijo así: —"*¿Por qué, Juan, por qué?*" Y le dolía el tono como lo decía. "*¿Por qué te resulta tan difícil ser como el resto de la Bandada?*", le volvió a decir. "*¿Por qué no dejas esos vuelos a otros—¿Por qué no comes, por qué?*".

El porqué repetido de su madre por qué quitó vigor a sus alas. ¿Acaso tenía que ser como los otros? ¿Y los otros qué eran? El sólo veía gaviotas paradas en la playa. Siempre a la espera. Siempre en bandadas. Confundidas unas con otras. Juan se había dicho que no podía ser como los otros. El no había sido hecho en serie. El no había entrado en una máquina y no era una cosa para ser vendida y consumida. El se haría a sí mismo como un artesano hace su estatua de madera o su cesto de mimbre entretejiendo una a una. El sería Juan Salvador.

¿Dejar los vuelos para otros? ¿Quedarse él en la playa? ¿Por qué iba a ser espectador aburrido, testigo de monotonías? Juan quería protagonizar su propia vida. Con estilo nuevo. Juan necesitaba otro alimento. Juan sería lo que quisiese ser. Lo sería al ir descubriendo el plan de sus alas lanzadas al vuelo.

• Y ahora era su padre: "*Juan, el invierno está cerca, habrá pocos barcos y los peces de superficie se habrán ido a la profundidad"*, le dijo con voz serena y gruesa. Y aún más: *"Juan, estudia sobre la comida. Y cómo conseguirla, hijo"*.

Y algo más: *"Esto de volar es bonito, pero no puedes comerte un planeo, ¿sabes?"*.

Y la sentencia final: *"No olvides que la razón de volar es comer"*. Juan calló. Calló y sintió todas sus plumas como llevadas por el viento. Se sintió mojado, chorreando frío, miedo, desilusión, soledad. Juan sintió miedo del invierno. Se le hizo más cercano. Sus ojos se nublaron. Y vio un mar vacío de peces de superficie y profundidad. Y quiso dejarse vender a las aguas limpias. El solo en un mar sin peces. Juan no quería nada. ¿Estudiar cómo conseguir comida? ¿Acaso valía la pena una vida para comer? ¿Acaso su vida era conseguir carroña? ¿Había nacido para esto?

Le llegó al fondo la palabra "hijo". Era su padre quien se le acercaba así. Era su padre quien le hablaba así. ¿No sabía él por experiencia? ¿Sus ideales no serían sueños, fantasías, utopías de juventud? Y en su corazón se entabló una lucha: la de la experiencia y la de la frescura de la idea bella. Y Juan se quedó en silencio. Con silencio de aguas calmas y noches estrelladas. Sólo en el silencio, en la lucha, en la escucha profunda Juan intentaría ver.

¿Por qué le dijo que era apenas "bonito" volar? ¿Por qué decir que los planeos "no se comen"? ¿Había que medirlo todo por el comer, por el tener, por el consumir? Su padre vivía en otro espacio. Su padre hablaba otro lenguaje. ¿Llegarían a entenderse? ¿Tendría que ceder a su "experiencia"? Además, ¿la vida no

13

tenía que ser bella, bonita? ¿Acaso la puesta de la luz dorada del sol sobre las aguas, eso sí era bello y los vuelos no? ¿Acaso no era bello el golpear de la ola hecha espuma sobre las rocas? ¿Acaso no era bello el mar en calma? Más bello, se decía Juan, es el vivir buscando la perfección. Más bello es arrancarse de las cosas. Más bello es dar libertad, camino, mar inmenso a la voz que llevaba dentro.

No. No podía admitir lo de su padre: *"No olvides que la razón de volar es comer"*. Aquí, no. La verdad no la poseía nadie. La verdad era verdad libre. Sin que nadie la manejase. Juan no podía creer que la razón del vuelo era el comer. Juan sintió en su corazón lo podrido de la vida, lo podrido de la mentira, lo podrido de unas vidas sin ideales. Juan vio, de repente, a la Bandada abriendo el pico de hambre de carroña: y sintió vergüenza de ser gaviota. Juan vio de repente que la bandada, —su padre también— vivían "entrampados". Habían hecho de la mentira su verdad para vivir. Y Juan vio también que aquello no era vivir. Juan se sintió solo. Abatido. Desanimado. Y lloró.

• Los días siguientes Juan intentó comportarse como las demás gaviotas. Sintió el hastío de no hacer nada. Sintió cómo sus alas se enmohecían. Sus alas volvían a ser pesadas. Juan vio el aburrimiento de sus compañeros. Y se dio cuenta que sus ojos sólo podían ver las pisadas, siempre iguales, de las mil gaviotas. Juan se sintió aturdido por los graznidos y las luchas hasta la sangre de las gaviotas. Juan sintió pena de estar allá.

¿Dónde estaba la "voz" interior que le había llamado? ¿Dónde estaba el mar lejano al que había llegado? Juan intentó de veras hacer como los otros, "parecer".

Jugó a la máscara. Jugó a maquillarse. Jugó a ser paya-so en un mundo donde nadie se reía porque todos esta-ban pintados de la misma manera. Y Juan sintió que una ola le salpicó las alas. Y que la pureza del agua lo estremeció. Y que dentro de él se despertó de nuevo la voz. Y se dijo: *"Esto es inútil ¡Hay tanto que apren-der!"*. Y Juan levantó el vuelo.

• De nuevo hacia alta mar. Otra vez comenzando. Solo, lleno de hambre. Feliz. Había dejado la inseguri-dad de la playa y se sentía seguro en la seguridad de sus alas. Se vio en la altura. Dominando el ancho mar. Y sintió pena de que sus compañeros se quedasen allí. Allí y sólo allí. Allí y siempre en una comida que cada día se acaba. Pocos días le bastaron para perfeccionarse en el vuelo. Supo más de velocidad que las mil y una gaviotas de alas cerradas. A Juan le ardía la vida cuando la velocidad daba impulso insospechado a su vuelo. Poco a poco se sentía una "gaviota lograda". Se sabía más él mismo. Supo lo que era la renuncia, el esfuerzo constante para llegar a realizarse. Y no tuvo miedo a la idea que de repente lo iluminó: serás lo que tu cora-zón sueñe. Y Juan soñaba con la perfección.

Juan aprendió que sólo se llega a las cosas comenzando muchas veces. Aprendió que de la caída, del fracaso, de la cruz, se sale con más fuerza cuando se acepta y se remonta. Supo que el sufrimiento es trampolín para una libertad más gozosa. Juan era Juan.

Pero un día Juan quiso medirse, quiso saber del al-cance de sus sueños hechos realidad, paso a paso. Y una noche Juan voló sin medida. Y sus alas se alzaron más allá de lo que imaginaba. Y al verse en la altura sintió emborracharse del triunfo, de la conquista. Y

Juan se lanzó, ojos cerrados, hacia el mar, cayendo y cayendo como si su caída no tuviera fin. Juan se confió de su destreza y no supo dar rumbo al vuelo. Y fue a estrellarse contra un mar duro y cruel, hecho plumas. Allí, en las aguas frías. Allí, solo y sin sentido. Allí, hecho juguete del vaivén de las olas, Juan se quedó.

Juan abrió los ojos y experimentó una sensación infinita de fracaso. ¿No tenía razón su padre? ¿No estaba mejor en la Bandada? ¿A esto había llegado? Y se despertó en su corazón el deseo de hundirse en las aguas. Para Juan había acabado todo. Tenía que regresar. Levantarse y llevar su derrota a la Bandada. Decir a su padre que sí, que *"la razón de volar es comer"*. Y no volar por alcanzar la perfección en el vuelo. Su padre tenía razón. Eso de volar es sólo "bonito".

• A medida que se hundía, una "voz" resonó en su interior.

Se dijo: *"Soy gaviota, soy limitada"*.
Se dijo: *"Mi padre tenía razón"*.
Se dijo: *"Tengo que olvidar estas tonterías. Tengo que volver a casa, a la Bandada"*.
Se dijo: *"Tengo que estar contento con lo que soy: una pobre y limitada gaviota"*.

Estaba cansado. Y el cansancio había hecho surgir en Juan el pájaro de alas cerradas. El cansancio le había hecho una gaviota más.

• Cuando se dio cuenta volaba en la oscuridad. La noche le había reducido su mundo. Tanteando el camino de la Bandada volvía a casa. A casa, cuando

Juan era libre en su corazón. A casa, cuando la casa no existía para él. Juan era gaviota de los caminos. Juan había sido llamado a caminar llevando su tienda. Juan no podía establecerse en ninguna parte. Pero ¿por qué volvía a casa?

De pronto se sorprendió volando en la oscuridad. Porque las gaviotas no vuelan en la oscuridad. Van siempre a lo seguro, a lo calculado, a lo lógico, a lo medido. Juan no escuchaba la voz que se había despertado en su interior. Y la llevaba en su vuelo. De pronto escuchó: *"¡Ojos de búho!… ¡Cartas de navegación!"*… Si tuviese ojos de búho y cartas de navegación… entonces sí. Entonces lograría los sueños de mi vuelo. Sí, necesitaba *"las alas cortas de un halcón"*. Así sería una gaviota lograda.

En la mente de Juan brotó el deseo. De ser como el búho. Y como el halcón. Y las cartas… ¿Pero no era él Juan Salvador? ¿No era él Juan Salvador *Gaviota*? ¿Dónde estaba su origen? ¿Cómo buscar su originalidad?

Juan no quería ser como las otras gaviotas. Juan no quería ser masa. Odiaba ser borrego. No soportaba que lo manejasen. No podía sufrir el mundo de la propaganda que le llegaba en el vivir de sus compañeros. No podía conformarse con que una voz manejase todo y a todos. El era Juan. Pero siempre gaviota. Y ahora quería ser lo que nunca podría ser. Juan tenía que buscar la solución en sí mismo. En él tenían que existir unas posibilidades que no imaginaba, que no había descubierto. Pero que las tenía. Estaban en él. Juan tenía que creer en sí mismo. Juan tenía que confiar en su mundo de dentro, en la voz oída en su corazón. Juan tenía que

17

salir de sí y llevarse en el vuelo a sí mismo. Esta era la aventura. Este era el desafío. Que el halcón siguiese siendo halcón. Y el búho, búho. Y las demás gaviotas, gaviotas. El sería Juan.

• Y fue en la noche. Cuando no veía. En la oscuridad de sí mismo. Respondiendo a la voz de su interior, cuando Juan se lanzó por encima del miedo, de la inseguridad, del cálculo, al vuelo sin límites. Juan levantó el vuelo de su fracaso. Juan comenzaba a ser él mismo.

No tenía miedo. Ni siquiera a volver a estrellarse contra el mar y quedar hecho un montón de plumas. Surgiría de sus cenizas. Juan supo que quien no arriesga, quien no va más allá de lo que ve, o de lo que los otros hacen, de sus seguridades, nunca llegará a realizarse. Y ni el frío, ni la noche, ni el viento, ni las olas encrespadas, ni las nubes y la lluvia torrencial... ni la misma muerte lo separarían más de "aquella voz, aquella llamada" que oía en su corazón. Sencillamente se dijo: "¡Ahora comienzo! ¿Adónde llegaré?".

• Olvidó sus resoluciones de "seguridades". No se sentía culpable. Tenía el corazón abierto y era capaz de romper las promesas hechas en un mal momento. Sabía que las decisiones no son definitivas. Que la vida las va forjando. Y que es preciso estar a la escucha y dar la respuesta.

Juan no podía aceptar lo corriente. Tampoco quería el podium. Ni le preocupaba el aplauso. Pero quería vivir la originalidad, la creatividad, la iniciativa. Era joven de primaveras y de otoños. Aunque aceptaba los inviernos crudos, —ya sabía de ellos—, y esperaba los veranos cargados de mieses reventando espigas.

18

Juan había palpado el vértigo de lo grande. Juan había experimentado la profundidad de la perfección. llegar hasta el final de lo emprendido. Llegar hasta la raíz, el manantial de su ser. Juan sabía que lo que cuesta siempre, es comenzar, despegar el vuelo. Que sólo se alcanza velocidad cuando no hay atracciones, cuando la altura es el espacio para otros mundos, para otras realidades. Juan había bebido el agua fresca y pura del manantial y no se conformaba con el agua estancada de cualquier charco.

Juan amaba la verdad sin tapujos. Puro y exigente como le salía de dentro en la voz. ¿La voz de quién? ¿Cómo era el sonido de esa voz? ¿Cuál era su fuerza, su poder? Juan se hacía "voz".

• Sentía vivir. Juan, que amaba la vida, temblaba de gozo. El gozo y la pasión de vivir. Había dominado el miedo, sus miedos. Sabía que la pasividad en la vida, que la vagancia, que el pasarse de todo sin pasar comprometido por nada, hace de la vida muerte, cadáver ambulante. Se había hecho a la superación y, ante cualquier dificultad, ya no reculaba. Se crecía en ellas. Y las esperaba como algo normal y necesario para seguir viviendo.

Juan sabía controlarse. Aprendía a dominar sus ideas que revoloteaban en su mente nueva y apenas estrenada. Juan aprendía a serenar su corazón y al no ser juguete de deseos, impulsos, vaivenes y revoltijos de sentimientos encontrados. Juan dominaba su cuerpo y lo sometía a una dura disciplina para que fuese expresión de su ser. Juan había creado un ambiente a su alrededor que le dejaba espacio para experimentar el mundo nuevo que la voz le ponía ante su pasión por vivir.

Juan iba armonizando su ser. Hacía armonía de su mente, de su afectividad, de su cuerpo. Había llegado a darse cuenta que si no hacía unidad de su ser sería disperso, dividido, desintegrado. Y Juan quería ser un joven logrado. Maravillosa empresa abierta ante sus ojos llenos de luz. De una luz blanca y transparente que nacía de su interior. Qué lejos quedaba la playa, la Bandada, la pitanza. Qué lejos la presión de los de su casa. Qué lejos y qué solo. Solo, pero viviendo intensamente. ¿Solo? ¿Dónde estaba su soledad? ¿Acaso estaba solo?

• Juan comprobó que *la velocidad era poder, que la velocidad era fuerza, que la velocidad era belleza.* Y Juan amaba lo bello, lo verdadero, lo bueno. Amaba su ser y por encima de todo, ser libre. Libre, siendo él mismo en su origen.

• Un día experimentó que la perfección en el vuelo le había dado un estilo nuevo. Que era otro. Que su vida tenía otra dimensión. Había cambiado. Y se alegró de haber dejado atrás el mundo viejo. Y se gozó de haber comenzado un mundo nuevo. Mundo que iba haciendo cuanto más se comprometía en él.

La perfección alcanzada lo había hecho un ser sin cálculos, sin paradas. No había medida en Juan. Su término era siempre el más. Juan sencillamente "era". Y cerraba los ojos de gozo. Y se hacía grande y libre dentro de su mundo interior. Porque en su corazón había una luz que lo guiaba por rutas no hechas. Y a Juan lo entusiasmaba lo desconocido.

• Juan siempre volvía a la Bandada. No era su mundo, pero sentía la exigencia de estar con ella, de estar presente. Juan, cerca de los suyos, no les recriminaba su vida facil y sin superación. Los amaba más allá de sus debilidades. Comprendía que cada uno tiene una vida, una originalidad. Y que tiene que intentar llegar hasta ese origen. No tenía ambiciones de cambiar a nadie. Ahora lo único que le interesaba era cambiarse, ser otro, el que llevaba dentro.

Los picotazos, lo podrido, el agua de la orilla, a Juan le sabían a esclavitud. ¿Por qué era diferente? ¿Por qué los otros eran de aquella manera? ¿El mismo clima era posible para vivir en armonía?

• Había descubierto que su vida tenía sentido. Y que sus alas se habían alargado hasta donde su corazón le marcaba. Para Juan ahora era levantar el vuelo, vivir. Posarse en los aires. Dejarse caer desde la altura y remontarla de nuevo.

Juan había probado lo pequeño que es todo desde la altura. Se sorprendió: *"Podremos alzarnos sobre nuestra ignorancia, podremos descubrirnos como criaturas de perfección, inteligencia y habilidad. Podremos ser libres. Podremos aprender a volar"*. ¡Podremos!, había dicho.

• Llegó el momento. Aquel día Juan se encontró con las gaviotas reunidas en Sesión de Consejo. Oyó una voz diferente a la suya. Ahora venía de fuera.

Era la Gaviota Mayor, que le ordenaba situarse en el centro. ¿Para su honor? Así lo creyó Juan inicialmente. Pensó que, al fin, la Bandada reconocía su Descubrimiento. Pero pronto quedó defraudado:

"Ponte en el centro para tu vergüenza, ante la mirada de tus semejantes".

Sintió un golpe más duro que cuando cayó al agua hecho plumas. Sintió temblar todo su ser. Sintió mil lluvias y mil olas y mil vientos y mil rocas caerle encima. Juan se sentía como una barquichuela amenazada por la tempestad.

Quiso hacerles ver su error: Quiso mostrarles el Descubrimiento. Pero la acusación se mantuvo en toda su gravedad: *"Irresponsabilidad. Violación de la dignidad y la tradición de la Familia de las Gaviotas".*

Lo que venía a continuación, Juan lo sabía. Desde ahora no tendría el apoyo, al menos físico, de la presencia de los suyos. Y empezó a experimentar que si el grano de trigo no mueres no da fruto. Juan no renunciaba a ser campo de trigal. Aun a costa de amapolas rojas.

De fuera le llegaba la mentira institucionalizada, la verdad de la Bandada:

"La vida es lo desconocido y lo irreconocible, salvo que hemos nacido para comer y vivir el mayor tiempo posible".

No podía replicar —la Bandada tenía siempre la razón—, pero lo hizo. Porque Juan hacía tiempo que se había hecho libre de la ley. Libre de la muerte. Libre del pecado. La voz "de dentro" no podía enmudecer ante la voz "de fuera", y habló. Con una gran paz, una gran luz, una gran verdad en su corazón. Habló con

22

mansedumbre y sencillez, con la fuerza de una vida armonizada. Habló, para ser fiel a la llamada.

> *"¿Quién es más responsable que una gaviota*
> *que encuentra y persigue un significado,*
> *un fin más alto para la vida?".*

Palabras huecas para la Bandada. Era inútil. Juntas chillaron ahogando las voces de la gaviota que no pactó con la comida, la gaviota que había nacido para buscar la perfección en el vuelo.

• Juan alzó el vuelo llevando en sus alas la soledad de los suyos. Juan llevaba en su corazón la voz interior que lo acompañaba viva y daba impulso a su lucha. Los Acantilados, más allá aún, fueron testigos de su soledad. De su soledad y fidelidad. De su soledad e identificación con la exigencia de la llamada interior.

A Juan le dolía el horizonte cerrado, estrecho y ruin de las mil gaviotas incapaces de abrirse al cambio. Para ellas no existía la originalidad. Cuando se está muerto, pensó Juan, la vida no corre. Las aguas se estancan.

Desde ahora su mundo era el vuelo. La vida de las otras gaviotas era yacer en tierra, cegadas por la lluvia y la niebla.

• Juan descubrió que *el aburrimiento y el miedo y la ira, son las razones por las que la vida de una gaviota es tan corta, y al desaparecer aquéllas de su pensamiento, tuvo por cierto una vida larga y buena.*

• Vinieron un buen día, cuando Juan creía que estaba llegando al término de su aprendizaje, y lo encontraron en su soledad, sintiendo la lejanía de los suyos. Eran dos gaviotas puras y de alas luminosas. Venían para mostrar a Juan un nuevo horizonte más amplio para su libertad. Había llegado la hora de empezar una nueva etapa.

Juan sintió su mente iluminada. Vio toda su existencia chorreando luz. Era verdad. Juan era capaz de subir su vuelo hacia la cumbre nunca soñada. Juan era capaz y era hora de irse a casa. ¿Pero qué casa?

El cielo y el mar de plata eran su campo de libertad. Sus caminos sin camino. Su andadura sin fronteras. Juan abrió sus alas y una nube blanca ocultó a las tres gaviotas dejando una estela de perfección y pureza como una llamada a seguir su rumbo. La playa, la comida, la Bandada, la ley, lo establecido, lo monótono y aburrido quedaba atrás. Juan había vendido todo. Juan había dejado todo. Juan pobre, libre, puro y desnudo, despojado y transparente, había respondido "sí" a la llamada y ahora comenzaba una aventura que Juan no imaginaba. Supo arrancarse de lo más fácil. Supo ser fiel a sí mismo. Supo buscar su originalidad en su origen. Supo salir y ponerse en camino. Quiso dar sentido a su vida y ahora su ser se estremecía de gozo y cantaba libertad. Juan era libre. Juan era Juan. Juan quería decirles a los suyos el gozo de seguir la voz interior que lo había llamado.

Jesús llama
a la confianza en el Padre
y no en el dinero

• Las playas y los mares de Jesús son otros. Aunque le gusta proclamar su Palabra al lado del mar, Jesús siempre desamarra las barcas y las suelta con alegría. Jesús llama siempre a salir de la inseguridad de la arena y a poner el pie sobre la roca. Jesús es roca firme. El dinero, —el estúpido y esclavizante dinero—, la arena en que tantos hombres sestean, se hunden.

La Palabra de Jesús, —su voz en el interior—, dice sencillamente:

> *"No andéis agobiados por la vida, pensando*
> *qué vais a comer,*
> *ni por el cuerpo, pensando*
> *con qué os vais a vestir;*
> *porque la vida vale más que el alimento*
> *y el cuerpo más que el vestido".*

Jesús llama a la vida. Jesús nunca llama a las cosas. Jesús llama a lo que vale, a lo que trasciende, a lo que tiene vida sin término. Jesús nunca llama a lo que cae, a lo que muere. Jesús da, al llamar, agua de manantial, raíz de árbol. Jesús no arranca hojas de otoño. Jesús fecunda y crece al hombre con su ser aceptado, su vida en la vida. "Yo soy la Vida", ha dicho.

"Fijaos en los pájaros:
ni siembran, ni siegan,
no tienen despensa ni granero, y sin embargo,
Dios los alimenta.
Y ¡cuánto más valéis vosotros que los
pájaros!".

Dios, en Jesús, es el don al hombre. Dios es, en Jesús, la riqueza. Dios es, en Jesús, la perla fina, el tesoro escondido. Dejarlo todo, venderlo todo por encontrarlo, es dar sentido, valor, a la vida.

"Y ¿quién de vosotros a fuerza de agobiarse
podrá añadir una hora al tiempo de su vida?
Entonces, si no sois capaces
siquiera de lo pequeño,
¿por qué os agobiáis por lo demás?".

Agobiarse. Preocuparse. Gastarse y debilitarse en las cosas. Dejarse prender por ellas. Hacerse cosa. Identificarse con las cosas. Todo un mundo de consumo que destruye la realidad del hombre y lo hace consumirse. El hombre se identifica con lo que ama. Y el amor a Jesús en su seguimiento decidido y fiel es el hacer nuestra persona al estilo y medida de la de Jesús. Jesús, el hombre de los caminos que no tenía ni una piedra donde posar la cabeza. Libre en el amor, su riqueza.

> *"Fijaos cómo crecen los lirios:*
> *ni hilan, ni tejen,*
> *y os digo que ni Salomón en todo su fasto*
> *estaba vestido como cualquiera de ellos.*
> *Pues si a la hierba, que hoy está en el campo*
> *y mañana se quema en el horno,*
> *Dios la viste así,*
> *¿no hará mucho más por vosotros,*
> *hombres de poca fe?*

El lirio y la hierba. Y el hombre. Un desafío de Jesús a creer en el Padre.

Jesús que quiere al hombre, que florezca donde el Padre lo ha plantado, quiere a sus discípulos libres de todo. Libres para poder caminar. Jesús que desafía en la llamada a dejar todo, quiere al hombre en su camino, con el corazón, —con todo el corazón— puesto en El, único Tesoro.

> *"No estéis con el alma en vilo*
> *buscando qué comer y qué beber.*
> *Son los paganos quienes ponen su afán en*
> *esas cosas;*
> *ya sabe vuestro Padre que*
> *tenéis necesidad de eso.*
> *En cambio, buscad que El reine*
> *y eso se os dará por añadidura".*

Lo dijo en otra ocasión: que quien deje padre, o madre, o tierras o bienes por El y el Evangelio recibirá mucho más de lo que dejó, ahora, y mañana la vida eterna.

"Tranquilizaos, rebaño pequeño,
que es decisión de vuestro Padre
reinar de hecho sobre vosotros.
Vended vuestros bienes y dadlos en limosnas;
haceos bolsas que no se estropeen,
un tesoro inagotable en el cielo,
adonde no se acercan los ladrones
ni echa a perder la polilla.
Porque donde tengáis vuestra riqueza
tendréis el corazón" Lc 12, 22-34.

Lo dijo otro día. Y es Palabra de Vida. Es Palabra para buena tierra. No agarra en la vereda del camino. No echa raíces entre rocas. La sofocan las zarzas. Sólo crece, se desarrolla y grana en un corazón pobre, para el Reino. Dijo así: —*"¿De qué le sirve al hombre tener el mundo entero en sus manos si pierde su vida?"*. Porque para Jesús es preciso perder la vida para ganarla; perderla desinstalándose del dinero. Ganarla, encontrando la riqueza en el dar, en la entrega sin medida. Es el gozo de seguir a Jesús. Gozo de no volver la cabeza atrás añorando la pitanza, pobre y podrida, que flota junto a las barcas. La han echado los pescadores. De lo que no querían. Jesús es tajante: o Dios o el dinero. Los dos seguimientos, no.

Jesús de los caminos polvorientos

• Has puesto el pie con tu sandalia
en el polvo virgen del camino.
Jesús, has pasado dejando tu pisada en la arena,
y sin decirte "¿por qué?",
unos hombres te han seguido.
No llevas nada. La alforja,
la has dejado en casa. Ya no tienes casa.
No llevas nada, los dineros no pesan en tu bolso.
Una túnica para el viento y para la lluvia,
para el frío de la noche y el calor de la mañana.
Vas sin cosas, peregrino,
caminante cual romero;
vas llevando en la luz de tus ojos siempre abiertos,
y en la fuerza siempre viva de tu palabra,
vas llevando tu camino, —eres Camino—
y vas llamando a seguirte. Seguirte, seguirte solo.
Sin llevarse apenas nada.

¿Adónde vas y adónde quieres
llegar cada tarde entre dos luces,
cansado de andar y andar, hecho camino de
esperanza?
¿Quién te sigue, quién se atreve
a poner su pie desnudo en tu pisada
siempre en marcha?
¿Por qué llevas sólo amor?
¿Por qué llevas paz y gracia?
¿Por qué sabes que la luz de las estrellas
son tu tienda en la noche que te aguarda?

Caminante, de corazón pobre y libre,
hecho tienda abierta en tu llamada.
Caminante, alzando siempre la vida,
como el vuelo sobre el agua de unas alas
que buscan la perfección en la altura
y dejan sola la playa.
La ciudad de asfalto es dura,
Señor del camino al alba;
la ciudad no hace caminos
porque está hecha pisadas,
de unos hombres que no buscan,
que no escuchan
porque el alma
se ha hecho sorda en el dinero
y la muerte se ha agarrado a sus entrañas.
La ciudad no es tu camino,
es dura para posar tu sandalia.
Te gusta dejar al paso
la huella de tu pisada.
Te gusta que el hombre pise
el polvo que el viento arranca:

te gusta que el hombre oiga
el canto desde la rama
del pajarillo que el Padre
alimenta cada mañana.

La ciudad no es tu camino,
que los lirios y las flores y amapolas
tiemblen entre trigales,
o mirándose en el arroyo,
o esperando en la vera del camino
tu paso desde el alba hasta la noche estrellada.

Señor de los caminos que buscan
llegar. Señor de los caminos
abiertos entre los campos que gritan
libertad. Señor de los caminos que arrancan
al hombre de lo seguro,
de los suyos, de sus casas,
de sus bienes, de sus cosas,
y los lanza,
a seguir tu paso hecho sendero
estrecho. A seguir tu paso donde quiera que vayas.

Señor, si el camino es largo,
si la sed y el sol abrasan,
si el polvo se agarra y ensucia,
tú, Señor, eres el vaso fresco de agua.
Arranca, arráncame de las cosas,
que mi corazón aún guarda
una gaviota que quiere
abrir sobre el mar sus alas.

Las alas del

segundo vuelo

3. Parábola de unas alas

¡Superarse!...
"Y entonces, ven"

• Un mundo nuevo se había abierto a los ojos de Juan. Un mundo que lo hizo sonreír. ¿Por qué estaba allí? ¿Cómo llegó? ¿Que nuevas aventuras lo esperaban? Había buscado con tesón, había superado dificultades sin cuento. La cruz la había cargado sobre sus espaldas hasta hacerle daño, y ahora aquí. Aquí, en una nueva tierra.

Casi se asusta. Sintió que su cuerpo era leve, ligero. No pesaba. Y que la luz le chorreaba pluma a pluma. Juan era resplandeciente, luminoso. Transparente como su vida de lucha. Juan se había encontrado con la belleza. Amaba tanto lo bello. Pero ahora era algo más profundo que las puestas de sol sobre el mar, o que la bravura de la ola hecha añicos en la roca. Ahora experimentaba una belleza dentro de sí. Se llamaba paz, serenidad, gozo, bien. Juan se sentía él mismo.

• De repente se vio solo. Las dos gaviotas que lo habían conducido en el camino sin caminos desaparecieron. ¿Sabría seguir adelante? ¿Era éste el final de la ruta? ¿Cómo emprender nuevos caminos? ¿Había llegado al término de la libertad? Juan sintió miedo de su soledad. Un miedo diferente a su soledad en la bandada de la comida. Era un miedo a emprender nuevos vuelos. A dar más. A subir constantemente. Juan aceptó aquel nuevo aprendizaje de soledad, como cuando practicaba más allá de los Lejanos Acantilados.

• Y la sorpresa. ¿Qué clase de tierra nueva era aquélla? ¿Era un desierto? ¿Dónde estaban otras gaviotas? Una tierra apenas sin gaviotas, virgen en extremo audaz. Una tierra distante donde sólo se llegaba después de un duro recorrido.

• Como una nube densa, la tierra donde había vivido en Bandada se había quedado envuelta. Lo dejado atrás, no contaba. Ni siquiera volver la cabeza. Su corazón amaba otros ideales.

Las gaviotas eran diferentes. Lo saludaban en grupo. Y en silencio. No había ni graznidos. Ni picotazos. Ni alas cansadas de no volar. Juan se sintió en casa. ¿Dónde había dejado su casa?

• Aquí no se volaba para comer. Estos pájaros magníficos vivían para volar. La ley de la Bandada aquí no tenía cauce. La vida era vuelo, superación constante en el vuelo. Cada gaviota, ella misma, volaba con su estilo propio. En todas ellas había una fuerza increíble. ¿Dónde habían encontrado el origen de sus vuelos? ¿Dónde estaba el origen de la luz de sus alas? ¿Dónde estaba el origen de la paz, la serenidad de su cuerpo? ¿Dónde estaba el origen de su silencio? Juan quería aprender lo que estaba más allá del vuelo. Ese poder, esa fuerza que él quería marcar a su velocidad.

• Rafael era su instructor. De él fue conociendo la gran dificultad que para la mayoría entraña el aprendizaje. Juan supo la necesidad de vivir el momento presente, paso a paso, en una progresión lenta, pero continuada, *"...hasta que empezamos a aprender que hay algo llamado perfección... y que la meta de la vida es encontrar esa perfección y reflejarla"*.

Juan sentía cómo sus sueños, sus deseos profundos, su mundo de dentro iba tomando cauce al oír la palabra de Rafael. Necesitaba escuchar. Necesitaba hacer la verdad sobre su vida. Porque Juan amaba, sobre todo, la perfección.

Rafael le dijo que no había límite en la perfección; detenerse sería fracasar en el empeño, volver a ser limitado. Superarse en cada momento, era la única norma del camino.

Las alas de los dos amigos se unieron en un mismo vuelo. La palabra ahora se había hecho acción. Acción más intensa. Acción movida por la fuerza de la palabra.

"¡Intentemos de nuevo!
¡Intentemos de nuevo!".

Era la llamada constante del instructor a Juan.

• Una noche Juan salió de sus pensamientos. Con decisión fue al encuentro de la Gaviota Mayor. Luminosa, llena de fuerza, con un gran poder para volar, dueña de mil secretos del vuelo.

Juan le preguntó si era realidad esta tierra, este cielo donde vivía. Juan siempre quería superarse más en su perfección. La Gaviota Mayor le dijo:

"Juan, el cielo no es un lugar, ni un tiempo.
El cielo consiste en ser perfecto.
Empezarás a palpar el cielo en el momento
en que palpes
la perfecta velocidad.
La perfecta velocidad, hijo mío, es estar allí".

El Mayor desapareció y volvió a aparecer. Juan no salía de su asombro:

Luego continuó hablando. Juan aprendió entonces que lo importante no era el viajar, a la velocidad que fuese, sino el alcanzar la perfección. No se trataba de buscar la libertad, sino de SER LIBRES en sí mismos; los que esto hacen, *"llegan a todas partes y al instante".*

Juan quiso aprender a volar como la Gaviota Mayor. Preguntó por lo que había que hacer. Y Juan quedó radiante en el secreto que la Gaviota Mayor le comunicaba:

"Para volar tan rápido como el pensamiento
y a cualquier sitio que exista,
debes empezar por saber que ya has
llegado".

Juan entendió que su cuerpo no era su limitación. Su libertad estaba más allá de sus alas. Comenzó a esforzarse por imitar al Mayor.

Llegó a controlarse más. A ser dueño de sus acciones. Hasta que un día, pensativo y concentrado en la playa, tuvo la luminosa verdad en su corazón de que era una gaviota perfecta y sin limitaciones. Entonces se vio en otra tierra nueva. Como si la superación, el "sí" constante a la llamada que sentía en su interior lo llevase de conquista en conquista.

Juan supo que siempre resulta lo que se hace sabiendo lo que se hace. El miedo había desaparecido de Juan. Sería capaz de volar sin fronteras. Volar hacia el pasado y hacia el futuro.

La Gaviota Mayor terminó diciendo:

> *"Entonces estarás preparado*
> *para empezar lo más difícil,*
> *lo más colosal, lo más divertido de todo.*
> *Estarás preparado para subir y comprender*
> *el significado de la bondad y el amor".*

Un día la Gaviota Mayor desapareció envuelta en una luz blanca y pura. Juan se quedó con las últimas palabras que le dejó:

> *"Juan, sigue trabajando en el amor".*

• Pasaron los días. Se sorprendió pensando en la tierra, en su antigua Bandada. Pensó en las mil gaviotas. En una sola que estuviese intentando superarse para llegar más allá de sus limitaciones. Sintió pena al ver a sus gaviotas de ayer disputarse las migajas. ¿No habría algún Exilado para decir la verdad a la Bandada?

Juan vivía la perfección en el amor con la fuerza de sus vuelos. Y cuanto más lo vivía, más sentía la necesidad de volver a los suyos. "Volver". No tenía el derecho de quedarse con lo descubierto para él solo. Tenía que compartir. Los demás tenían que saber que la vida tiene otro sentido, un sentido más allá del consumismo, un sentido más allá del placer, un sentido más allá del no hacer nada, un sentido más allá del "sin-sentido". Su verdad sería compartir el amor. Esta era la perfección lograda en su vuelo.

• Su amigo Rafael trató de quitarle esas ideas de la cabeza. ¿Cómo iban a escucharlo aquellas gaviotas a quienes sólo les interesaba la comida? ¿No era más sublime y más lógico dedicar sus esfuerzos a las que ya estaban en el camino de la perfección, allí mismo, con enormes deseos de aprender sus lecciones?

¿Tendría razón Rafael? Juan le hizo caso algún tiempo. Pero la idea de "volver" a los suyos, de ayudar a levantar el vuelo aunque fuese a una sola gaviota, le quitaba el sueño. Y al fin se decidió.

Su amistad con Rafael no se rompería. Estaba más allá del espacio y el tiempo, pues éstos también podían ser superados. Se situaba en el Aquí y el Ahora. Y Rafael hubo de reconocer que nada detendría la generosidad de su amigo:

*"Si hay alguien que pueda
mostrarle a uno en la tierra
cómo ver a mil millas de distancia,
ése será Juan Salvador Gaviota".*

• El nuevo vuelo había separado a los dos amigos. Juan volvía a la Tierra. Traía en sus alas una luz y una pureza capaz de abrir caminos en la espesura. Llevaba el amor y la verdad hecho plumas y vida. Juan volvía a los suyos. Una nueva voz lo llamaba. Tan fuerte como aquélla que lo arrancó de la Bandada. También volvía sin la comprensión de Rafael. Como se fue sin la comprensión de los suyos. Había aprendido a ser original, a ser fiel a su conciencia, a sí mismo, y ésta era la ley de la vida.

• Ahí está Pedro Pablo. Joven. Lleno de ilusiones. Maltratado por la Bandada. Maltratado con la injusticia. Maltratado por no ser como los demás. Porque la Bandada necesitaba del número de sus súbditos para justificar una vida rastrera. La razón del otro-conmigo, cuando la razón de la verdad no proclama mi actuar.

Pero Pablo estaba rebelde, furioso, contestatario. Pensó mientras volaba más allá de los Acantilados:

—*"Me da lo mismo lo que piensen.*
¡Yo les mostraré lo que es volar!
No seré más que un puro bandido,
si eso es lo que quieren.
Pero haré que se arrepientan"…

Pedro Pablo se estremeció. Una voz surgió en su interior. Era suave, íntima. Le llegaba sin rabia, sin protesta. Una voz casi en silencio, que le hablaba de perdón, de disculpar a los suyos, a quienes le habían condenado; incluso de ayudarles a comprender… ¿Cómo era posible?

Entonces, asombrado, vio a su lado aquel pájaro resplandeciente, que seguía hablándole dentro de él mismo. Y le exigía una respuesta:

—*"Pedro Pablo Gaviota, ¿Quieres volar?*
—*Sí, quiero.*
—*¿Tanto que perdonarás a la Bandada,*
y aprenderás y volverás a ella un día
y trabajarás para ayudarles a comprender?".

Pedro Pablo no podía decir sino la verdad:

—*"Sí, quiero".*

Y Pedro Pablo se juntó con Juan Salvador Gaviota en el vuelo. Juntos comenzaron por el vuelo horizontal.

El estilo nuevo de Jesús en el amor: ¡Un reto!

• El anuncio de Jesús es claro: Dios es luz y en El no hay tiniebla alguna. Vivir en la luz es ser solidarios unos de otros. Solidarios en la sangre de Jesús.

Jesús, en su sangre dada, derramada por amor, ha hecho realidad en el mundo el mandamiento del amor. Esta es la gran llamada universal de Dios: llamados a amar con el amor con que Dios nos ama en Jesús. Un amor sin medida, hasta la sangre. Así el amor de Dios queda realizado de veras. El amor hasta la sangre exige una respuesta continua. Exige una superación en el seguimiento de Jesús. Desde el seguimiento como Modelo de imitación; desde el seguimiento a Jesús, como Jesús "inspiración íntima", y como "identificación". Así es posible amar con el amor que Jesús vive en nosotros.

No hay doblez ni tapujos en la Palabra de Dios. Es clara:

*"No améis al mundo ni
lo que hay en el mundo
Quien ama al mundo no lleva
dentro el amor del Padre.
El que (ama) cumple la voluntad de Dios
permanece para siempre"* Jn 1, 5-7.

• Amar las cosas bajas, dejarse llevar de los apetitos, ir detrás del dinero, tener unos ojos arrogantes, es cortar las alas al amor. Y a Jesús sólo se le puede seguir en el amor. El lo quiere así:

*"Amarás al Señor tu Dios
con todo tu corazón,
con toda tu alma,
con toda tu mente,
con todas tus fuerzas,
con todo tu ser y sobre todas las cosas.
Y amarás a tu prójimo como a ti mismo"*
Mt 22, 34-40.

La perfección en el seguimiento de Jesús se centra en la verdad del amor. Este es el plan de Dios: "Dios me ama". Esta es la única fuerza capaz de mover la montaña de nuestro egoísmo y pasividad. Una vocación, o se encaja en el plan de Dios, un plan de amor salvador, o será una salida sin llegada que caerá en breve. Dios lo quiere todo. Todo el "ser de la persona" armonizado. Todo el ser comprometido, empeñado en seguirle.

• Buscar la originalidad en la llamada, ser uno mismo en su ser único en el seguimiento de Jesús es deducir *"que todo el que practica la justicia (amor) ha nacido de Dios y vive"*.

El origen vocacional es Dios en Jesús, enraizado en nuestra vida. Llegar hasta el planteamiento serio y original es dejarse conducir por el Espíritu de Jesús que siempre "nos centra" en Jesús.

Es posible el riesgo sin límite para quien ha descubierto el "magnífico regalo" de Dios:

> *"Mirad qué magnífico regalo*
> *nos ha hecho el Padre:*
> *que nos llamemos hijos de Dios;*
> *y además lo somos.*
> *La razón de que el mundo no nos reconozca*
> *es que no ha conocido a Dios"* 1Jn 3,1-3.

• Seguir a Jesús supone tener el corazón libre, puro. Poner en Jesús la confianza, fiarse de El, sentirse gozoso de pertenecerle es abandonarse al Plan de Dios, siempre más grande que nuestros proyectos limitados.

> *"Todo el que tiene puesta en Jesús esta esperanza, se purifica para ser puro como El lo es"* 1Jn 3,3.

• La justicia, el hambre de vivirla es la raíz de una respuesta comprometida. "Es justo quien practica la justicia". Justicia que es entrar en el plan original de Dios. Ser como Dios nos ha creado.

• Buscar la originalidad es tomar conciencia de que he nacido de Dios. De que tengo que florecer no en cualquier tierra. Nuestras tierras soñadas suelen ser "veredas de camino", "tierras rocosas", o "salpicadas de espinas". Y entonces los planes de Dios o son pisados, o nacen y no echan raíces o son sofocados. La "buena tierra" es el plan de Dios. Esta es la pregunta del que quiere seguir a Jesús: ¿Cuál es el plan de Dios? ¿Cómo situarme en él? Y "la tierra buena" es Jesús. En El enraizados sólo damos fruto abundante. Nuestros planes, —pobres planes—, nuestros planes de cabeza o puños o sentimientos o ambientales... son "pecado", el mayor pecado, porque excluir a Dios en nuestra vida es vivir reducidos al cero del hombre.

Pecar es no encontrarse en el Dios que nos ama y salva.

> *"Quien ha nacido de Dios y lo vive*
> *no comete pecado,*
> *porque lleva dentro la semilla de Dios,*
> *es más, como ha nacido de Dios y lo vive,*
> *le resulta imposible pecar.*
> *Con esto queda claro*
> *quiénes son hijos de Dios*
> *y quienes son del diablo:*
> *Quien no practica la justicia,*
> *o sea quien no ama*
> *a su hermano, no es de Dios;*
> *porque el mensaje que*
> *oísteis desde el principio fue éste:*
> *que nos amemos*
> *unos a otros" 1Jn 3, 8-12.*

Es un planteamiento radical. El amor llevado hasta la cruz. Un amor total. Ser de Dios es responder sí al plan de Dios en mi vida. Ser del Diablo es entramparse en vidas y asuntos ajenos al plan de Dios. Ser injusto con Dios y el hermano es no entregar el amor a quien lo pide. Y Dios pide amor para él. Nacidos de El, quiere lo que es suyo. Y Dios quiere el amor al hermano. Porque su amor en nosotros es dinámico, es el mismo amor de Dios hecho acción salvadora.

• El odio del mundo. La incomprensión del mundo. La oposición a amar, a dar la vida, a superarse en el amor, es la destrucción del plan de Dios en la vida. Un mundo sin amor es un mundo sin Dios. Un mundo sin Dios es un mundo sin amor. Y la medida del paso, del sí, de la respuesta al plan de Dios, del *"¿Qué quieres, Señor, que haga?"* está en el compromiso existencial de la entrega hasta hacerse daño.

> *"Nosotros sabemos que hemos pasado*
> *de la muerte a la vida*
> *porque amamos a los hermanos.*
> *No amar es quedarse en la muerte;*
> *odiar al propio hermano es ser un asesino*
> *y sabéis que ningún asesino conserva dentro*
> *la vida eterna" 1Jn 3, 13-15.*

• En Jesús, en su seguimiento sin condiciones, entrando en su plan, conocemos el amor. El es la medida, el modelo, el ser-amanda. Y su seguimiento tiene "su medida", no la nuestra. ¿Acaso el amor pone medida ¿Acaso el amor entregado se retira? ¿Acaso el amor tiene miedo a mancharse? La cruz es la única medida del amor. Y todo don de Dios,—el amor es su don— pasa por la cruz, pasa por el desierto. Plantearnos la vida, la nuestra en exclusiva no tiene sentido. Sólo en el plan de amor es posible dar respuesta a las apetencias de un corazón hecho para Dios y el hermano.

"Hemos comprendido lo que es el amor
porque aquel (Jesús) se desprendió de su vida
por nosotros;
ahora también nosotros debemos
desprendernos de la vida
por nuestros hermanos.
Si uno posee bienes de este mundo
y, viendo que
su hermano pasa necesidad,
le cierra sus entrañas,
¿cómo va a estar en él
el amor de Dios?
Amigos, no amemos
de palabras y de boquilla,
sino con obras y de verdad" 1Jn 3, 16-18.

Es hora de levantar el vuelo como Juan Salvador. Es hora de que la palabra se haga carne y viva en la vida. Es hora de la acción.

El planteamiento de seguir a Jesús no se escribe en una agenda, no se piensa mil veces, no se encuentra en cada esquina, no se consulta sin parar, no se le deja madurar hasta que llegue él solo… "La boquilla" no es la persona que tiene que dar respuesta. Hay que plantearlo no con la cabeza sino con el corazón, con lo más interior y profundo nuestro. Hay que hacerlo en el compromiso. Sólo así madura. Regatear, escatimar, calcular respuestas a Dios y al hermano es sentirse infantil o adolescente, es actuar con miedos e inseguridades, es querer seguir siendo río cegando el manantial. Es Dios quien da cuando nos pide dar. ¿Acaso Dios no tiene derecho a pedirnos cuanto desee? ¿No es el Señor? ¿No es nuestro Dios? Confesarle así es dejarse llevar de la mano como hijos en el Hijo amado. En El somos fuertes. En El encontramos la respuesta. Respuesta en la respuesta de Jesús. Porque su mandamiento es éste: "Que demos fe de su Hijo, Jesús el Mesías, y nos amemos unos a otros como El nos mandó".

• La noche, el miedo, la sangre, la inseguridad, lo desconocido, la duda, la ansiedad, la vida en tensión surge siempre que el hombre se encuentra en serio con un acontecimiento importante. Las llamadas fuertes de la vida son jalones de existencia, profundizarlas y hacerlas realidad es vivir el ritmo del cambio, de la conversión. Nuestra respuesta siempre es incompleta. Es imposible. Nunca la damos en soledad. Situarnos ante lo que está más allá de los acontecimientos que nos llegan es descubrir el signo de hoy para mí. Dios está en la Historia y la conduce por su Espíritu. Y el Espíritu nos lleva a la identificación con Jesús, Historia única de la historia. Centro, principio y fin.

Es posible, es realidad el responder decidido y gozoso a entrar en el plan de Dios. Sacerdote o misionero, religioso o seglar comprometido. Es posible responder a la soledad de un convento o al dolor de un hospital o al frío de una chabola o a la ceguera de una juventud sin rumbo. Es posible dar respuesta al mayor sufrimiento del otro, sólo pasando por nuestro sufrimiento, por la muerte a nuestro egoísmo, es posible porque

49

Dios toma la iniciativa, porque Dios nos amó primero y su amor en nosotros puesto en acción es capaz de salvar todo.

> *"Amigos, amémonos unos a otros*
> *porque el amor viene de Dios*
> *y todo el que ama ha nacido de Dios y*
> *conoce a Dios.*
> *El que no ama no conoce a Dios,*
> *porque Dios es amor".*

Este es el plan: Dios es amor. Esta es la Vida: haber nacido de Dios. Esta es la situación cristiana: la del ser en el amor.

> *"En esto se hizo visible entre nosotros*
> *el amor de Dios: en que envió al mundo*
> *a su Hijo único para que nos diera vida".*

Y ésta es la realidad de la llamada: dejarse enviar, dejarse plantar allí donde Dios, —Dios—, quiere que demos fruto.

Esta es la única realidad del compromiso: "Dar vida". Vida a un mundo que se pudre, que se muere, que deambula, que no tiene valores, porque no acepta los pasados, se proyecta, escapa soñando en el futuro, y los presentes —la verdad y el amor— no existen. Dar Vida al mundo y no palabras. Dar vida con la vida de quien dio la vida para salvar al mundo y no condenarlo. Condenamos al mundo y a nosotros cuando no vivimos en el envío, cuando no encajamos en el plan de Dios único y original para nosotros. No es tiempo de indiferencia. Dios, en Jesús, es vida.

*"Amigos míos, si Dios nos ha amado tanto,
es deber nuestro amarnos unos a otros;
a Dios nadie le ha visto nunca.
Si nos amamos mutuamente
Dios está con nosotros,
y su amor está realizado entre nosotros;
y esta prueba tenemos de que estamos con El
y El con nosotros,
que nos ha hecho participar de su Espíritu"
1Jn 4, 11-13.*

• Realizar el amor de Dios en la vida personal, entrar en la dinámica de su Espíritu, con-vivir con Jesús, es entrar en tierra de realización.

La experiencia de un Dios amor, de un Dios Trinidad, de un Dios comunidad, es la gran fuerza para abandonarse a la voluntad de Dios. Su voluntad que es amarnos, marcarnos con el sello del Espíritu, identificarnos con Jesús.

Entonces somos capaces de confesar a Jesús. De verlo y dar testimonio de El. Entonces "Dios está con nosotros y nosotros con Dios", entonces nos fiamos de El y no hay temor en responder porque:

*"Dios es amor,
y quien permanece en el amor
permanece en Dios y Dios con él"* 1Jn 4, 16.

• ¿Por qué tantas cobardías al comprometerse en la vocación ¿Por qué tanta ignorancia, tanta falta de interiorización del plan de Dios? Si la llamada es escuchada desde esta perspectiva del amor, la respuesta será una respuesta en el amor. Sellar el pacto con Dios es creer que su amor se ha hecho marca imborrable en el hombre en la muerte de Jesús en la cruz. Así nos ha amado.

• Es urgente responder. Y con gozo. Es posible el sí incondicional. Es de un cristiano comprometido no seguir "su plan", sino el de Dios. Hecho con amor. Y es posible consagrar una vida para siempre a Dios en servicio a los hombres, porque Dios nos ama.

> *"Podemos amar,*
> *porque El nos amó primero" 1Jn 4, 19.*

Podemos decirle sí con la fuerza de su amor. *"Ya no os llamo siervos sino amigos. No me elegisteis a mí, yo os elegí a vosotros"*. No soy yo quien tomo la iniciativa, quien opto por Dios; es El quien ha tomado la iniciativa y "ha optado" por mí. Es su opción, su amor por mí quien hace brotar en mi interior mi opción por El. Cristo no es un juego de ideas. Cristo es la opción de Dios por el hombre. Una opción que tiene la medida del amor en la cruz. Porque nadie tiene mayor amor que quien da la vida por el amigo. Darla, entregarla, sin miedos, con gozo, es haberse encontrado en un mundo donde Dios es.

• Jesús está en la encrucijada de toda vida, de toda llamada seria. Un Jesús Dios y hombre. El Cristo. Jesucristo. Sólo El tiene fuerzas, atracción irresistible para seguirle. Creer que Jesús es el Mesías es haber nacido de Dios. Creer en Jesús es volver al origen:

Dios mismo en mi ser. Amar al que dio el ser es amar también a todo el que ha nacido de El, dice Juan.

Carga es la ley, el pecado, la muerte. Y Jesús las ha superado. El amor lo hace posible todo. Su llamada es exigente, pero no hunde, no es una carga. Llevar la cruz es responder a Cristo. Y es superar todo.

> *"...Todo el que nace de Dios vence*
> *al mundo, y ésta es la victoria*
> *que ha derrotado al mundo: nuestra fe;*
> *pues ¿quién puede vencer el mundo*
> *sino aquel que cree que Jesús es el Hijo*
> *de Dios?" 1Jn 5, 4-5.*

Jesús, que dejó la marca de su sangre en cada uno de nosotros. Para que se despertase en nuestro ser nuestra originalidad. El Espíritu, que realiza en nosotros lo que Cristo hizo por nosotros. El es la Verdad.

Nos situamos en lo nuclear de la vocación: el ser testigo. Testigo del amor de Dios. Testigo que se iguala con "mártir". Porque el amor de Dios que el testigo proclama con su vida y palabra, es la contradicción de un mundo en el egoísmo y en las cosas terrenas. Testigo del más allá, de una vida sin término. Testigo de Jesús resucitado viviendo entre nosotros.

> —*"Quien cree en el Hijo de Dios*
> *tiene dentro el testimonio".*
> *El que no da fe a Dios lo deja por embustero,*
> *negándose a creer el testimonio*
> *que ha dejado El de su Hijo.*

Y el testimonio consiste en esto:
en que Dios nos ha dado vida eterna,
vida que está en su Hijo:
quien tiene al Hijo, tiene la vida;
quien no tiene al Hijo de Dios
no tiene la vida" 1Jn 5, 10-12.

• Ganar la vida en el seguimiento de Jesús es "tener al Hijo", pertenecerle. Con la paradoja de que para "ganar" es necesario "perderse".

Hoy, la Iglesia, el mundo, necesita hombres, personas integradas, logradas. Que han superado la carroña de la playa. Que han subido a una vida "de espíritu". Que han emprendido un camino de perfección en la verdad, en el amor. Personas que, con ojos nuevos y luminosos, han encontrado su "sitio" en el amplio, único y maravilloso plan del amor de Dios en el mundo y con los hombres. Personas que dejan, superan las "contrabienaventuranzas" del mundo, un mundo que proclama el dinero, la lucha, la violencia, el placer, la materia, el egoísmo, la superficialidad... un mundo "malaventurado" que ha perdido la capacidad de ser feliz, dichoso, alegre, y saben "subir" a la montaña de las "Bienaventuranzas" donde Jesús llama dichosos a los que viven en el amor, la paz, el bien, el perdón, la justicia, la verdad... Y es preciso "salir" de mi mundo estrecho donde me encuentro bien, y "volver" ya superado, hecho "hombre nuevo", a la playa, a la "Bandada de la Comida", al consumismo, para que "las alas arrugadas" se abran en vuelo feliz y libre buscando otros mundos nuevos, dentro, en el hermano, en Dios.

Tu palabra inquietante en la montaña

• La montaña ha sido testigo de tus noches.
La montaña ha sentido el calor de tu presencia.
Eres hombre de montaña en la noche,
para el encuentro silencioso con el Padre.
Las estrellas y las hojas estremecidas por la brisa,
La hierba y el pájaro cobijado en la rama,
han visto tu rostro hecho luz de mediodía
y han oído tu voz hecha plegaria.
Señor de la montaña,
al romper el día. Señor
de la soledad, del silencio, del estarse en calma.
Hoy has subido con los tuyos y el gentío sentado te
escuchaba.
Has hablado al corazón del hombre abriendo camino
y dejando de su techo
una estrella colgada.
Les has dicho una a una
tu Palabra. Y en cada silencio
los ojos de los hombres se han abierto
al gozo que tu voz hoy proclamaba.

Has hablado de ser dichoso
cuando el corazón elige ser pobre,
sin haciendas, sin saberes, sin orgullos
hechos muro y fronteras separadas.
Les has dicho que tu Padre será su Rey
con su reinado de amor. Dios su riqueza
en la pobreza agarrada.

Dichosos los que sufren, has dicho,
y el corazón dolorido
ha sangrado gotas de agua,
como tu costado abierto en la cruz
al golpe seco de una lanza.
Dichosos porque tu amor está cercano
del que sufre y grita o calla.
Tú eres consuelo del samaritano en camino
cabalgando con las heridas de quien, caído,
nadie se acerca y todos pasan.

Dichosos los no violentos,
los que llevan la paz y la cantan,
los que abren al mundo los brazos,
los que ríen y aguardan
que las cosas sigan creciendo
con la fuerza de Dios que en el fondo está enraizada.
Para ellos, la tierra en herencia,
una tierra sin lucha, ni conquista,
una tierra salida de tus manos
y por tus manos, dada.

Dichosos los que tienen hambre
y sed de justicia. Dichosos porque el hambre
es camino siempre alargado
y hace al hombre peregrino en su marcha.
Tu palabra es agua y pan que sacia.

Dichosos los que prestan ayuda,
los que saben compartir y dar "sí" con el alma;
los que dan lo que de balde les dieron
y sus manos no guardan
sino el calor del que da sin medida,
del que da y se da porque cree y ama.
Has dicho que serán ayudados los buenos
que saben dar bien y paz. Dichoso el que es
siempre puerta abierta de su casa.

Dichosos los limpios de corazón,
los que la luz se hace en ellos
pureza de nieve en la cumbre colgada.
Dichosos los sencillos.
Los humildes y abiertos,
los que tienen corazón de niño
y saben mirar con los ojos desde unos ojos sin
mancha.
Felices: verán a Dios. Y Dios
será su libertad,
su mundo, su todo en el corazón sin nada.
Despojado de las cosas,
desnudo como una playa.
Libre de lo que ciega al hombre
y lo encierra en la tiniebla y la noche
y lo vuelve duro e impermeable a su Palabra.
Los niños, los de corazón de niño,
has dicho, Señor, que verán
el rostro de un Dios que libera y salva.

Dichosos los que trabajan por la paz,
y hacen de la vida oasis de encuentro,
fraternidad y manos dadas.

Dichosos los que son mansos y dulces
en sus ojos mirando al otro,
en sus manos siempre alargadas,
en su escucha sin prisa alguna,
en su palabra hecha de un corazón que es sincero
y habla.
A ésos, Señor, tu Padre
los va a llamar hijos suyos. Hijos,
porque la paz la has dicho al mundo
en la noche de tu Cruz
y en el rayar del día primero cuando el mundo
de nuevo comenzaba.

Dichosos los que viven perseguidos
por su fidelidad a la Buena Nueva
al mundo anunciada,
los que no se venden al precio de unas monedas,
los que saben llegar hasta el fin de la obra comenzada.
Dichosos los perseguidos,
los que molestan con la luz de su vida,
los que denuncian con la fuerza de tu Espíritu,
los que tienen que gritar y gritan
y nunca callan.
Tu Padre será su Rey,
y su Reinado la libertad que la opresión amordaza.

"Dichosos cuando os insulten,
cuando os persigan con rabia,
cuando digan con mentira, por mi causa,
calumnias, sólo calumnias, palabras falsas.
Estad alegres y contentos entonces
que Dios será vuestro gozo
y la recompensa, larga.

Vosotros que sois la sal
no perdáis el sabor, que entonces
la tierra se vuelve sosa
y no sirve para nada.

Vosotros que sois la luz
no la ocultéis, situadla
en lo alto y que alumbre
a todos los de la casa.

Dichosos, seréis, amigos,
si al bajar de la montaña
decís al mundo que cree en otras 'bienaventuranzas'
que mi Palabra se cumple y es Palabra de vida,
y el que permanece en ella
y la guarda
será dichoso en mi Reino
que ya ha comenzado en el corazón del hombre
abierto a mis Bienaventuranzas".

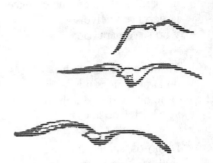

Las alas del

tercer vuelo

¡Volver!
...«y sígueme»

• Aquí y ahora está Juan. Su cielo son los Lejanos Acantilados. Les tiene cariño. Fueron un día testigo de su soledad, de su prueba. Juan ha vuelto a ellos.

Allí está Pedro. Otro Pedro Gaviota. Es joven y es tosco. Es duro y es agresivo. Cree en él, en su esfuerzo. Y le falta un largo camino por recorrer.

No es toda la verdad sobre Pedro. Porque Pedro *tiene un devastador deseo de aprender.*

Juan está a su lado. Ha vuelto para liberar a los suyos. Sabe que su vuelo, sus alas tienen fuerza para levantar el vuelo de los otros. Y Juan se ha comprometido con la realidad dura de volver a los suyos, de seguir el camino de la cruz. Le va a costar sangre. Le va a ser más duro. Porque Juan ha sido llamado para despertar en las alas de otros jóvenes la originalidad de su vuelo dormido. Y sabe que el agua de manantial está en la cumbre y hay que subir sin cansancio. Sabe que en la vida se es cuando se ayuda a los demás, cuando se pierde la propia vida para que los otros encuentren la suya. Camino de cruz. Lo sabe y lo quiere. Porque así comenzó su vida nueva y así surgirán otras. Juan está con Pedro. Que se desanima. Que le dice que pierde el tiempo con él. Juan está allí, a su lado, hasta las últimas consecuencias. Juan ahora quiere ser sólo uno con él, porque sabe que la unidad de los dos en el vuelo será un espacio para muchos. Juan sueña en la Bandada de gaviotas libres.

Y aquí está la palabra de Juan:

"Tienes que ser suave.
Firme, pero suave, ¿te acuerdas?".
"Intentémoslo juntos ahora".

• Tres meses de vuelo, de aprendizaje y Juan tenía seis nuevos aprendices. Juan se había dicho: "No hagas nada, y los otros tampoco lo harán. Quéjate de que todo está mal, y seguirá peor. Acción con pocos. No interesa el número".

Juan sintió el gozo de volar por volar en los ojos de las nuevas gaviotas. Comenzaban con brío. Lo daban todo. No había cálculo en su entrega. Juan sintió estremecerse su corazón al saberse en unidad. Se dijo: "Aquí está la perfección. Aquí, en el amor".

Una tarde les habló así:

"Cada uno de nosotros es en verdad una idea
de la Gran Gaviota,
una idea ilimitada de la libertad.

*Tenemos que rechazar
todo lo que nos limite".*

Juan veía la verdad sobre cada uno de los suyos. Les ayudaba a abrirse al origen, allí donde comienza todo. Cada uno era él mismo, diferente del otro, pero todos llevaban el sello del Origen. Era preciso vivir aquí y ahora lo nuevo, lo bello, lo puro, lo verdadero. Vivirlo desde la raíz del pensamiento y la voluntad y el cuerpo... Vivirlo libre e intensamente.

Y dijo más:

*"Tu cuerpo entero, de extremo
a extremo del ala,
no es más que tu propio pensamiento.
Rompe las cadenas de tu pensamiento,
y romperás también
las cadenas de tu cuerpo".*

Y era verdad. Verdad para vivirla. No para pensarla.

• Y un día llegó la hora. La hora de "volver". Sí, volver libres y felices a los suyos, a la Bandada.

Pero cuando lo propuso, el temor invadió el grupo. Surgieron las disculpas, los razonamientos de prudencia...

Juan descubrió que había algo más duro que aprender el vuelo. Era el miedo, era la inseguridad, era la cobardía. Juan pensó que la mente, la cabeza, aunque importante, había que saber usarla. Sabía que el pensamiento sólo conduce hasta las puertas de las cosas. Que entonces se necesita otra cosa. Juan lo llamó

65

dentro de sí "fuerza interior". Esa energía que viene en el contacto con el Origen, que hace ser libre desde dentro. Juan sabía que el miedo se crea en la cabeza. Que las dificultades se las forja uno. Que uno se hace o se deshace. Juan había llegado a la conclusión de que los problemas no existen. De que existen sólo en la cabeza. ¡Era tan difícil cambiar de mentalidad! ¡Era tan difícil vivir como una persona integrada y no sólo a nivel de cabeza! Y dijo:

—*"Somos libres de ir donde queramos*
y de ser lo que somos".

Levantó el vuelo de la arena. Se deslizó en el espacio y el azul del cielo fue testigo de que tomaba el rumbo de "la Bandada". La que un día había dejado.

Juan dejó su mente en blanco. No pensó más. Allí, entre los suyos surgió la angustia. Porque era Ley de la Bandada no volver cuando se había sido un exilado. ¿Violar la ley? ¿El vuelo, la perfección, el amor, estaban por encima de la ley? ¿Se podía ser tan libre como Juan que se superase la Ley?

Quedarse o partir. Seguir por un camino hecho o abrir caminos nuevos. Mientras Juan se alejaba solo. Sin volver la cabeza atrás. Solo porque la voz interior que había dado vuelo a sus alas le había llevado a una larga experiencia para vivirla en este momento. Juan era Gaviota. Juan se debía a mil gaviotas que se pudrían en la playa.

Por fin, las gaviotas de vuelo ágil se levantaron de la duda. Y las ocho sobrevolaron la playa del Consejo de la Bandada.

Juan, a la cabeza, no se sentía encima, ni por encima de los que estaban allá, en la arena insegura de la playa. Volaba para que otros levantasen también el vuelo. El viento hacía vibrar sus cuerpos. Allá abajo, se oía la vida cotidiana de la Bandada.

• Los ojos atónitos de la Bandada quedaron clavados en ellos. Como si fuera un día más de tantos, Juan comenzó su lección con los suyos. Se daba perfecta cuenta de que la Bandada los señalaba con ira. Se les acusaba de exilados. Y la ley era inflexible. Había un "estilo" para la gaviota, un estilo único, y no admitían originalidades.

¿Qué pasaría ahora? ¿Enfrentarse con la Bandada? ¿Imponer "su verdad"? ¿Estarían dispuestos a ser suaves, pero firmes? ¿Violentos? ¿Creían en el cambio por la violencia? ¿Qué les llevaba a volver? ¿Qué pretendían con su presencia en la Bandada? ¿Si eran rechazados, tendrían que irse. ¿Eran todos viejos en la Bandada. ¿Qué reacción tendrían los jóvenes?

La sentencia del Mayor no se hizo esperar: "¡Había que ignorarlos!".

Y mil espaldas grises en plumas rodearon la libertad de Juan. Juan, sereno, armonioso en su interior, no dio muestra de rechazo. Siguió con los suyos y sus vuelos. Su vida era otra y Juan había hecho la perfección en el amor. Un amor desinteresado y consciente del darse hasta hacerse daño.

Martín Gaviota y Carlos Gaviota… se sentían felices en su vuelo. Pedro cada día se superaba sin medida. Y la verdad los hacía libres hasta tocar las alas de una, dos… más gaviotas.

• Sigilosamente, varias gaviotas comenzaron a acercarse por la noche para escuchar sus lecciones.

Juan Gaviota sintió que la luz se iba haciendo más que amanecer. Juan callaba y en su silencio veía que otras alas, como las suyas, como las de Pedro Pablo, sentían ya cercano el estremecimiento de quien comienza una nueva vida. Juan sabía que la verdad sobre las alas era la de volar, y no la de comer. Juan respetaba el paso lento, casi en la penumbra, de quien comenzaba a plantearse un nuevo modo de vivir. Juan no quería "seguidores suyos". Juan era mucho más espléndido que todo eso. Pero Juan sentía el corazón refrescarse al experimentar ese círculo callado alrededor suyo. Era el momento del silencio. Un día, unas alas romperían el vuelo, y el silencio.

• Sucedió. Tenía que suceder. Terrence no pudo más. Rompió la frontera de la Bandada y pidió a Juan que le enseñara a volar. No le importaba el saberse condenado, diferente, exilado. Terrence quería ser él mismo, no podía seguir siendo aguas estancadas, sin fuerza para caminar. Quería probar otra vida. Y buscaba el agua en el manantial. Juan lo había conseguido y... ¿por qué no él?

Otra noche, fue Esteban. Vacilante. Casi arrastrándose. Roto y frágil como una pluma al viento. Llegó donde Juan. Justo hasta donde Juan. Justo donde comenzaba la libertad. Y le dijo que lo que más deseaba en el mundo era volar. "Quería volar".

Juan dijo apenas:

"Ven pues. Subamos,
dejemos atrás la tierra y empecemos".

Esteban no miraba a Juan. Ni al deseo de su corazón de volar. Esteban miraba apenas a sus plumas, a sí mismo. Esteban se reducía a sus limitaciones. Y se lamentaba de "su ala rota". No podría volar jamás. Esteban nunca había experimentado la libertad desde dentro.

Juan no dudó. Ni se compadeció de él. Juan fue decidido y exigente con él. Así le habló:

> *"Esteban Gaviota, tienes la libertad*
> *de ser tú mismo,*
> *tu verdadero ser, aquí y ahora,*
> *y no hay nada que te lo pueda impedir.*
> *Es la ley de la Gran Gaviota.*
> *La Ley que Es".*

Esteban no acababa de dar crédito a sus oídos. ¿Le estaba diciendo que podía volar? Entonces, ¿tenía en sí mismo la libertad? ¿No necesitaba que se la dieran desde fuera?

Al cabo de unos momentos, mil gaviotas abrieron unos ojos grandes y redondos como soles. Mil gaviotas despertaron de su sueño. Esteban volaba sobre todos ellos. Esteban era libre.

• Amanecía. Amanecía sobre el mar y sobre mil pájaros más. Esteban era centro de mil interrogantes. Los jóvenes pájaros se sentían medio libres. Y ya no les importaba que los viesen y escuchaban a Juan queriendo comprender y comprenderle.

No acababan de entenderle. Porque Juan hablaba de *"que está bien que una gaviota vuele; que la libertad es la misma esencia del ser; que todo aquello que impide esa libertad debe ser eliminado, fuera ritual o superstición o limitación en cualquier forma".*

No acababan de entender. ¿Eliminar, aunque fuese ley escrita de la Bandada? Las "alas" estaban por encima de la Ley.

Juan no dudó:

*"La única ley verdadera es aquella que conduce a la libertad.
No hay otra".*

Juan había aprendido la libertad siendo libre en su fondo, en el ser mismo de su ser, allí donde no llega la letra, sino la fuerza del Espíritu.

Para Juan ser libre era haber entroncado su Yo profundo con el Yo del Ser que habitaba en su corazón. Juan había llegado hasta el origen de su libertad, y la verdad, la belleza, el bien y la bondad daban alas a su ser hecho libre. Juan vivía, no ya su "plan", sino el proyecto maravilloso de quien le brindaba un mar sin fronteras ni playas, un azul sin puestas de sol. Juan se sentía fuera del tiempo y del espacio. Porque su ser nadaba en el Ser. Ya no era su yo y el Ser. Era su yo en el Ser. Sencillamente Juan no imitaba a nadie, ni siquiera vivía con un impulso interior. Juan se "había identificado" con el Origen de su ser y ya no era él sino el Ser siendo en él. Juan era libre como el viento.

• Comprendía que sus seguidores a veces se sentían dominados por la duda, por el miedo. No acababan de arrancar. Y Juan sabía que el arranque había que hacerlo sin cálculo, únicamente respondiendo a la voz interior que llamaba. Juan no quería convencerlos; pero sí que experimentasen, que no se quedasen distantes de la realidad apenas tocada con el pensamiento, con la débil idea. Juan quería que cada cual fuese él mismo, que se aceptase y que comenzase a poner en práctica aquel sueño maravilloso que la Gran Gaviota tenía sobre cada uno de ellos. Descubrirlo y vivirlo, era eso lo que Juan entendía por libertad.

¿Por qué inquietarse? ¿Por qué ponerse nervioso? ¿Por qué esas tensiones? ¿Por qué esa inseguridad, esos miedos? A pesar de esas incertidumbres cada día aumentaba el número de los que se acercaban. Acercarse para preguntar. Juan interrogaba. Acercarse para idolatrar. Juan atraía, sin quererlo. Acercarse para despreciarle. Juan sabía que era el precio de ser él mismo, de su originalidad, de vivir una vida al ritmo del poder que la superación le había marcado en su corazón.

Y un día comenzaron a "decir" cosas de Juan. Que si era el hijo de la Gran Gaviota. Que si era especial. Que si su perfección era sólo para él. Que estaba "mil años por delante de su tiempo".

Suspiró. La crítica era dura. ¿Por qué no lo dejaban seguir la voz interior? Se sentía mal comprendido. El, que era dulzura y sencillez en su corazón. El, que había enseñado caminos de paz y bien. No había medida: o diablo o dios. Una de las dos cosas tenía que ser. Sí, porque los otros desde lejos, defendidos en su máscara, sólo sabían defenderse a sí mismos, no con razones, sino con que nadie fuese diferente a ellos y viniese a quitarles su "seguridad".

• Llegó el momento de la prueba. Pedro practicaba. Pedro ganaba en perfección. Pedro sabía lo que era la bondad. Y cuando menos lo esperaba, en su camino se le cruzó un pajarillo piando por su madre. Pedro dio un viraje duro para no perjudicar al pajarillo y él se fue a estrellar contra una roca de granito.

El golpe le hizo una nube de obscuridad, espanto, miedo. Se sintió como flotando en un mundo de amor y temor, de paz y de tristeza. Pero una cosa era cierta: su corazón estaba profundamente limpio, libre, feliz.

Y entonces sintió cercana y suave, llena de calor y con mucha luz, "la voz" que un día oyó al conocer a Juan.

> *"El problema, Pedro, consiste, en que debemos intentar la superación de nuestras limitaciones en orden y con paciencia".*

Y Pedro no salía de su asombro. ¿Cómo estaba allí Juan? ¿Veía? ¿Pero no había muerto? Y Juan era una realidad nueva al lado de Pedro. Que le invitaba a quedarse solo con su perfección o volver a la Bandada para ayudar a liberar a otros hermanos.

Pedro abrió los ojos. Y se sintió centro de la Bandada allí reunida. Le habían centrado. ¿Por honor o por vergüenza?

Graznidos. Chillidos. Un revoloteo increíble se levantó de la Bandada. "¡Lo había resucitado!". El dilema: "¿Porque era un dios o un diablo?". Y la conclusión: "¡Era un diablo que venía a aniquilar a la Bandada!". Había que defenderse de él, defender la comida, el vuelo rastrero... ¿Quién era él para querer liberarles de aquello que era su razón de ser?

Había venido a los suyos y los suyos no le recibieron. Quiso poner su tienda entre ellos y mil picos afilados rasgaron su lona.

Sacudieron la arenas, dejaron las huellas sobre la playa, y alzando el vuelo dieron ritmo a sus alas. Otros mares, otros mundos les esperaban.

Su ley era volar. En la playa habían dejado para siempre la otra ley, la de la pitanza.

• Juan llevaba muy dentro la tristeza de haber sido rechazado. Lo sentía por ellos, porque amaban su prisión, porque rehusaban el gozo de la libertad, porque preferían las tinieblas a la luz. ¿No era mayor la alegría de la superación constante de sí mismo que el rutinario placer de un bocado rabiosamente disputado?

A pesar de todo había que volver a intentarlo. No se les podía dejar abandonados en su ceguera. Y se lo propuso a Pedro. Porque seguían amando a la Bandada, y el amor reclamaba de nuevo la "vuelta".

La extrañeza de Pedro: "¿Amarles después de haber intentado matarte?" Amar, sí, respondió Juan.

"Tienes que practicar y llegar a ver a la verdadera Gaviota,
ver el bien que hay en cada una,
y ayudarlas a que lo vean en sí mismas.
Eso es lo que quiero decir por amor.
Es divertido cuando le aprendes el truco".

Pedro ya comprendía. Recordó el cambio que se había experimentado en él, desde ser recién exilado, cuando estaba listo para luchar hasta la muerte contra la Bandada, dispuesto a librar la amargura de su propia soledad; y su cambio de actitud cuando encontró a Juan; su "vuelta" a la Bandada, empeñando sus esfuerzos en la liberación de éstos; y cuánto había progresado junto a Juan: había aprendido a ser El mismo, en el amor y la libertad...

¿Y ahora?

Pedro sintió cómo Juan se alejaba. Y que en sus alas quedaba el relevo. ¿Cargar él con la responsabilidad de seguir conduciendo la Bandada hacia la luz? ¿Cómo podría?

> *"Lo que necesitas es seguir*
> *encontrándote a ti mismo,*
> *un poco más cada día;*
> *a ese verdadero e ilimitado*
> *Pedro Gaviota.*
> *El es tu instructor.*
> *Tienes que comprenderlo y ponerlo en*
> *práctica".*

Y la despedida:

> *"...descubre lo que ya sabes,*
> *y hallarás la manera de volar".*

Pedro se quedó solo. Supo salir de su soledad dando impulso a sus alas. Luego se sintió rodeado de un grupo de jóvenes. Traían en sus ojos la luz de la verdad y sus alas brillaban de belleza. En sus corazones había la resonancia de una voz. Una voz que llamaba a más. Era la voz del Origen, era como el agua fresca del manantial. Otro grupo que comenzaba a despertar a nuevos mundos. Mundos que estaban escondidos dentro de ellos. Y que solamente se les pedía vender lo que "tenían" y, libres, dar libertad a sus alas.

Esta vez no era Juan el que hablaba. Era Pedro:

"Para comenzar
tenéis que comprender que una Gaviota
es una idea ilimitada de la libertad,
una imagen de la Gran Gaviota,
y todo vuestro cuerpo,
de extremo a extremo del ala,
no es más que vuestro propio pensamiento".

¿Dónde estaba Juan? ¿Adónde lo habían llevado sus alas? Juan, Juan Salvador Gaviota está "dentro", dentro, en el Yo profundo de cada uno. Allí donde sólo se oye, —en escucha atenta— la voz de Dios. A Juan lo llevamos todos dentro. Hay que darle cauce de río que arranca del manantial: Dios mismo, origen del hombre. Hay que darle alas para que con su vuelo levante otras alas, alargue otros ríos, y que el mundo, el hombre, sea libre desde el fondo de su ser; su ser en el Ser de Dios mismo.

Jesús no ha venido a sembrar paz, sino espadas

• Aquí y ahora estamos con Jesús. Un Jesús decidido, sincero, verdadero. Un Jesús que no llama a lo fácil, a lo hecho. Un Jesús de espadas.

La espada de Jesús está en la llamada. Porque su presencia, cuando irrumpe con fuerza en el hombre, rasga, corta, hace sangrar. Jesús, señal de contradicción, nos rasga todas las ideas, nos rasga todos los montajes, todas las estructuras, todos los planes. El penetra hasta el fondo y quiere una vida nueva desde el origen del hombre mismo. Jesús no llama a medias. Llama. Jesús no pide "cierto tiempo" para su servicio. Jesús no quiere tiempo. Quiere la persona. No quiere cálculos. Quiere una respuesta desde donde El mismo llama: el amor.

Es por eso que, en dinámica de amor, lanza, envía a los suyos con decisión, con valentía. Sin miedo a "mil picos abiertos", sin miedo a las Bandadas, a la opinión pública, a lo establecido. Jesús no se adapta a ninguna forma. Porque no tiene forma. Jesús es fondo, profundidad sin medida. Y los que le siguen, los que aceptan la originalidad de Jesús como identificación con El en su seguimiento, son de su estilo. Que sólo el Espíritu conduce.

Estamos aquí, en Mateo, 10. Pone a los suyos en camino. Sin pararse. Sin echar raíces:

> *"Por el camino proclamad que ya ha llegado*
> *el reino de Dios,*
> *curad enfermos,*
> *resucitad muertos,*
> *limpiad leprosos,*
> *echad demonios.*
> *De balde lo recibisteis, dadlo de balde".*

Estas son las alas a las que hay que dar ritmo. Esta es la vida nueva que hay que levantar. Un mundo muerto, aburrido, podrido tantas veces, enfrentándose con unos hombres, testigos de Jesús Resucitado. Dando vida en su nombre.

Jesús pide libertad. Quiere sólo la riqueza de su amor, de su fuerza, de su paz. Quiere que el hombre logrado se encuentre con el hombre. Y en abrazo de Buena Noticia se quede, como riqueza en el hombre, su Reino. Su salvación.

Se deja de seguir a Jesús cuando llevamos poder, seguridades, dinero. Entonces las cosas que nos pesan y enmascaran no dejan ver a los otros el rostro libre y bello de Jesús viviendo en nosotros. Donde vive el dinero, no vive Dios. Ir en nombre del dinero es ir con poder. Ir en nombre de Dios es ir en servicio. Es radical:

> *"No procuréis oro, plata, ni calderilla*
> *para llevarla en la faja;*
> *ni tampoco alforja para el camino,*
> *ni dos túnicas, ni sandalia, ni bastón,*
> *que el bracero merece su sustento".*

• Y Jesús quiere que sus enviados lleven la paz a toda la casa. Y que la casa cerrada en sus puertas, se quede sin la paz.

Jesús no engaña. La muerte fue el signo de su amor y su verdad entre los hombres. La Cruz estaba en el centro de su amor por el hombre. El vino a la tierra para salvar muriendo; para dar vida, perdiendo la suya; para liberar, dejándose clavar en la Cruz. Jesús da el paso y con El la humanidad, pasando por la sangre de la Cruz. Aquí está el signo, la realidad, la nueva vida del hombre. Seguirle a Jesús es hacer hoy realidad la Cruz del Gólgota. Seguirle hoy es querer morir a espada para dar vida a chorro. Seguirle hoy es aceptar la cruz, ser original en este hecho, acontecimiento impensable, incomprensible. Seguir a Jesús es acercarse a cada cruz oculta o manifiesta de cada hombre y poner las manos y los pies y el costado para clavarse con El. No hay salvación sin Cruz. Ni vocación que no tenga siempre como ritmo de camino el llevar la Cruz.

> *"Mirad que os mando como*
> *ovejas entre lobos: por tanto*
> *sed cautos como serpientes*
> *e ingenuos como palomas.*

79

Pero tened cuidado con la gente
porque os llevarán a
los tribunales... os azotarán por mi causa".

• Si Jesús ha sembrado espadas, la espada de Jesús, en su Espíritu, es la Palabra de Dios. Más fuerte que el poder y la fuerza humana. Por eso Jesús dice a los suyos que su Espíritu será su fuerza y su defensa. Que aun la Cruz en el Espíritu es alegría, es paz, es todo bien. Como fue la suya para los que lo recibieron.

Jesús es claro. Jesús nos toca en lo más íntimo nuestro cuando nos llama. Porque en la sangre, en la sangre no derramada de la familia, surgirá una gran espada. Aquí está "la siembra de espadas" cuando Jesús llama. Aquí está la prueba fuerte en el seguimiento de Jesús. Un amor más fuerte que la sangre tiene que abrirse a golpe de espada en el llamado. Y la prueba de la familia es "la prueba sin más". Jesús lo sabe:

"Un hermano entregará a su hermano
a la muerte, y un padre a su hijo;
los hijos denunciarán a sus padres
y los harán morir.
Todos os odiarán por causa mía;
pero quien resista hasta el fin se salvará".

• Jesús llama la atención: a El lo maltrataron. Y a quien le siga, igual. El estilo de Jesús es único, original: el de morir como grano de trigo para dar fruto. Y así inundar los campos del mundo de trigales.

Jesús invita a no tenerles miedo, a no importar que maten el cuerpo, a ser fuertes en el espíritu.

Y Jesús se define y decide por los que lo siguen definidos y decididos. Nada de chantajes. Nada de medias tintas. Claros y lúcidos. Abiertos y sinceros con Jesús.

> *"En conclusión: por todo el que se pronuncie*
> *por mí ante los hombres,*
> *me pronunciaré también yo*
> *ante mi Padre del cielo;*
> *pero al que me niegue ante los hombres,*
> *lo negaré yo a mi vez ante*
> *mi Padre del cielo".*

• Luego es duro. Lo de sembrar espadas. Lo de enemistar al hombre con su padre. Lo de los enemigos de los suyos, los de la propia casa.

Y lo de querer más. Y lo de coger la Cruz y seguirle. Y lo de conservar la vida y perderla.

Esta es la exigencia maravillosa de quien fue exigente consigo mismo hasta la muerte y muerte de Cruz. Ante un mundo blandengue, ante un mundo fácil, erótico, muelle y comodón; ante una sociedad vividora, que huye del esfuerzo, que no sabe lo que es sacrificio; ante una sociedad marcada por el egoísmo, por el bienvivir... Jesús llama a meter la espada hasta el fondo del hombre. Y que sangre para que en la sangre dé vida. Una sociedad con unos hombres sin fuerza en el vivir, sin garra para enfrentar la verdad con valentía, una sociedad así, necesita hombres que quieran dejarse marcar por la espada. Espada que es fuego, que es luz, que es sal, que es vida, que es fuerza. Es Reino abierto a quien quiera coger la Cruz y seguir a Jesús. ¿Vale la pena? ¡Original, la Cruz!

81

Original:
el camino de la Cruz

• ¿Dónde vas que dejas en tu paso
la sangre goteada en el camino?
¿Dónde vas, desnudo y desgarrado,
colgando a tus espaldas doloridas
el peso de un madero?
Vas solo y te siguen unos gritos.
Vas solo y los tuyos te han dejado,
como deja la hoja en el otoño
solo y frío —desnudo— el árbol.
Tu palabra junto al mar
o la montaña;
tu palabra al romper el día
o en la noche,
se ha hecho leño cortado a golpes
que arrastras en solitario.

Señor, tu reino es grano de trigo
lanzado al surco y pisado.

Tu reino no es de este mundo,
tu reino llevas al paso.

¿Por qué la cruz es tu cumbre?
¿Por qué la cruz es el lazo
que une a Dios con el hombre,
testigo del último abrazo?
¿Por qué has dicho a los tuyos
que la Cruz a cada paso es el ritmo
de tu marcha
y sin la Cruz no eres tú
a quien se sigue caminando?

Clavada está en la cumbre. Subida
a hombros. Y te espera abierta al mundo
para que extiendas tu cuerpo
hecho un girón de hombres oprimidos
que en ti se han clavado.
Ahora todos levantarán sus cabezas.
Ahora todos mirarán al traspasado.
Ahora todos pondrán los ojos en ti
sobre el madero colgado.

El cielo, como un paraguas negro, ha cerrado
la luz. Y la noche se ha hecho noche en tu noche
y ni rostro tienes: sólo un grito
desgarrado.
¿Dónde está tu Padre? ¿Dónde el que te dijo un día
que eras el Hijo amado?
¿Dónde está, que tu dolor se hace desierto
y tu soledad
miedo, frío y sudor abandonados?

Estás muriendo y la vida
comienza de nuevo en el árbol.
Estás muriendo, un hombre ya viejo,
gastado,
y estás haciendo nacer con la sangre
el hombre nuevo, el golpe de una lanza en el costado.

Tu vida ha sido perdida.
Tu vida, al hombre perdido ha dado
luz fuerte en el camino
para que siga caminando paso a paso.
Señor, sólo el silencio comprende
tu amor en la Cruz clavado.
Sólo a la luz de la fe
se te ve un Dios amando.

Señor, todo termina aquí y ahora,
y la vida nueva ha comenzado.
Seguir ahora es coger la Cruz de nuevo,
es volver al origen de la vida,
es seguir tu salvación
por el camino que has marcado.

No hay otro Cristo
que el de la Cruz del camino,
que el del madero clavado;
no hay otro Cristo
que el del amor hecho leño,
hecho vida del pobre necesitado.

Aquí estoy, Señor Jesús,
el mundo pasa a tu lado
y te deja lejano como los mares

y en tu silencio callado.
Aquí estoy, quiero seguirte.
Dame el valor de tu amor en mí enterrado.
Que tu Cruz sea en mi vida
—al seguirte paso a paso—
el manantial donde un día
mi corazón encontró el don de Dios
y en Dios, —en ti, Señor Jesús—
la respuesta a la vida que me has dado.
Tú me has dado tu amor en la Cruz.
Yo te doy en la Cruz de cada día
"mi Cristo" —en mí— crucificado.

Indice

Colección
MENSAJES

SAN PABLO

DEL SUFRIMIENTO
A LA PAZ

¡Sufrir a manos llenas, he aquí el misterio de la existencia humana! Sufrimiento que, por cierto, nadie ha invocado, ni convocado, pero que está ahí, como una sombra a nuestro lado. ¿Cuando se ausentará? Sin duda que cuando el mismo hombre se ausente; sólo entonces. Mientras tanto, ¿qué hacer con el sufrimiento? ¿Cómo mitigarlo? ¿Cómo transformarlo en nuestro compañero de viaje y peregrinación?

SEDUCIDO POR EL CRUCIFICADO

*E*l hombre de la «Nueva Era» nació hace dos mil años. Nació en lo alto de la Cruz. Es un hombre nuevo; hombre libre; hombre salvado. Nació cuando se acababa la Era Vieja, la Era antigua, la del pecado. Nació cuando surgía la Era Nueva, la de la gracia. Un hombre nacido del costado abierto de Cristo al golpe de la lanza. Vivir hoy como hombre o mujer de la «Nueva Era» es buscar la Raíz, el Origen de su nacimiento para ENRAIZARSE en la Cruz, en el CRUCIFICADO.

MUESTRAME TU ROSTRO

*E*sta obra ofrece una acabada colaboración a los que quieren iniciarse a recuperar la experiencia de Dios y a aquellos otros que anhelan avanzar en el misterio insondable de Dios. Desvela todo el intinerario hacia Dios, desde los primeros pasos hasta las últimas profundidades de la contemplación; aborda y analiza las etapas y dificultades que surgen en este intinerario, el silencio de Dios y la certeza de la fe. Está escrita en estilo directo y vivo, con claridad y profundidad, con inspiración bíblica y existencial que ofrece a cualquier cristiano una ayuda práctica e inestimable.

SUBE
CONMIGO

Esta obra está
dirigida, an-
te todo, a los
religiosos
que viven en comunidad. Escrita también
para todos los cristianos que, en formas
diversas, están integrados en grupos comu-
nitarios: Comunidades Eclesiales de Base,
grupo juveniles, agrupaciones de seglares...
Las ídeas expuestas pueden ser transladadas
también a la esfera matrimonial, primera
omunidad humana y, en general, al círculo
del hogar. Enfoca la tématica partiendo de la
soledad, solitariedad y solidaridad; continúa
con el misterio de la fraternidad; las
condiciones previas para amar; el sentido del
amor oblativo y el amor como eje de las rela-
ciones interpersonales.

SALMOS
PARA LA VIDA

Salmos para la vida es un intento de ayudar al lector a comprender ese largo diálogo del hombre con Dios y de Dios con el hombre; a comprender las situaciones concretas en las que nacieron, pues en ellos se encierra la pasión del mundo, historias de sangre e historias de amor, momentos de pánico, exilio, persecución, experiencias místicas, horror a la muerte, situaciones de miedo... Por eso, en palabras del autor: "Urge emprender el intinerario que conduce al interior de los salmos, navegar a sus mares, sondear la riqueza de sus abismos, llenarse los ojos de luz, contagiarse de vida, y después salir a la superficie con las manos llenas de toda su riqueza y novedad".

TALLER SAN PABLO
SANTAFE DE BOGOTA, D.C.
IMPRESO EN COLOMBIA — PRINTED IN COLOMBIA